Le grand livre
DES RÉGIONS

Le Poitou-Charentes

Textes de Violaine Troffigué
Illustrations de Thibaut Rassat

Père Castor · Flammarion

À mes parents et mes soeurs.
À Kim.
À sa famille.
Aux Demoiselles de Rochefort, *que j'ai enfin accepté de regarder.*

T. R.

Présentation
Chanson
Langue
Recettes
Conte
Grands personnages
Visites
Lexique/Adresses
Faune et flore
Index

www.editions.flammarion.com

Éditions Flammarion – 87, quai Panhard-et-Levassor – 75647 Paris Cedex 13
ISBN : 978-2-0813-3684-1 – N° d'édition : L.01EJDN001062.N001
Conception graphique : Flammarion et Marie Pécastaing
Dépôt légal : juin 2015
Imprimé en France par Pollina S.A. – mai 2015 – L71713
Loi n° 49-956 du 16 juillet 1949 sur les publications destinées à la jeunesse

Sommaire

* Les mots ou expressions suivis d'un astérisque sont expliqués dans le lexique.

En route pour le Poitou-Charentes

Le Poitou-Charentes est situé dans l'ouest de la France, au centre de la façade atlantique. Chaque année, de nombreux curieux sont attirés par la variété de ses paysages, les trésors de son architecture, ses saveurs liées au savoir-faire de ses habitants ou encore son sens des festivités. Sur la route de Compostelle, au cœur des marais ou bien à l'abordage des îles, les découvertes du littoral jusqu'à l'intérieur des terres y sont riches et contrastées.

Carte d'identité

Superficie : 25 810 km^2
Population : environ 1,7 million d'habitants
Nom des habitants : les Picto-Charentais
Capitale régionale : Poitiers
Principales villes : La Rochelle, Niort, Angoulême, Châtellerault, Saintes, Rochefort, Cognac, Royan.
Langue : poitevin-saintongeais ou *parlanjhe* et occitan.

La région Poitou-Charentes

La région compte quatre départements : la Charente (16), la Charente-Maritime (17), les Deux-Sèvres (79) et la Vienne (86). Elle regroupe en grande partie les anciennes provinces de Poitou, d'Aunis, de Saintonge et d'Angoumois. La Vendée, autrefois Bas-Poitou, est aujourd'hui détachée de la région administrative et dépend des Pays de la Loire.

Le SAIS-TU ?

Le nom de la région est formé à partir de l'ancienne province du Poitou et du fleuve Charente.

Un peu d'histoire

Les Pictons étaient un peuple de la Gaule établi au sud de l'embouchure de la Loire. Alliés aux Santons, ils étaient de grands marins. Dominée par les Romains, les Wisigoths puis les Francs, la région sera de nouveau soumise en 732, lorsque Charles Martel arrêta la conquête arabe aux alentours de Poitiers. En 1152, Aliénor, héritière du comté et du duché* d'Aquitaine, alors royaume le plus riche de France, épousa Henri Plantagenêt, futur roi d'Angleterre, à qui elle donna ainsi le Poitou. La région retournera à la couronne de France et aux rois capétiens en 1224.

Le climat, un doux vent venu de l'océan

Le littoral charentais est réputé pour son ensoleillement, souvent comparé à celui de la région méditerranéenne. Tournée vers l'Atlantique, la région bénéficie en effet d'un climat de type océanique : les hivers sont doux et les étés tempérés par la brise de mer. À l'intérieur des terres la météo est cependant plus rigoureuse en hiver.

Drapeau et symboles

Le drapeau de la région est formé de deux bandes horizontales noire et blanche frappées d'un lion rouge. Le Bas-Poitou, terre granitique, est figuré par la bande noire. Le Haut-Poitou, terre calcaire, est représenté par la bande blanche. Le lion est l'emblème des Poitevins depuis le Moyen Âge et notamment de Richard Cœur-de-Lion, fils d'Aliénor.

La légende de la petite sardine

Face à la mer, offerte aux assauts des vagues et du vent, se dressait une modeste cabane. C'était la maison d'un pauvre couple qui vivait sur l'île d'Oléron. Ils avaient une petite fille, Milie, gaie et généreuse, qui jamais ne se plaignait.

Un beau jour, sa mère revint du village, la mine triste. Le boulanger refusait de lui faire une nouvelle fois crédit sur le pain. Fatiguée, elle alla se recoucher sans dire un mot.
La petite fille courut chez les voisins demander du travail. On lui proposa quelques sous pour raccommoder le filet de pêche. C'était tout ce qu'on pouvait lui offrir, et elle accepta avec joie. Elle s'assit sur une pierre et se mit au travail.
La matinée s'écoula. À midi, comme son ventre faisait du bruit, Milie s'empressa de terminer son labeur. Dès que le filet fut prêt, elle s'en alla récupérer ses sous et se rendit au village acheter du pain. Puis, avant de rentrer chez elle, elle passa par la plage.
« Si je pouvais pêcher un crabe, même minuscule, ce serait quelque chose à manger avec le pain ! » se dit-elle.

Le vent s'engouffrait dans ses cheveux et pinçait ses joues. L'eau chatouillait la plante de ses pieds nus.
La fillette riait aux éclats quand une voix, presque un chuchotement, se fit soudain entendre.
– Milie ! Milie !
Milie regarda autour d'elle.
– Milie ! Milie, penche-toi.
La voix provenait d'entre les rochers.
Milie vit un trou rempli d'eau dans lequel nageait une toute petite sardine, qui brillait au soleil. Ses écailles bleues étaient merveilleuses. La petite fille n'en revenait pas et dut se frotter plusieurs fois les yeux.
– Milie ! Milie, demande-moi ce que tu veux, et je te promets de t'aider, lui dit alors la petite sardine.

– Je suis venue sur la plage pêcher un crabe pour nourrir ma famille. Nous n'avons qu'un maigre morceau de pain, répondit-elle.
– Prends le bâton qui se trouve à tes pieds et retourne chez toi. Quand tu seras à table, frappe trois coups. Tout ce que tu demanderas, vous l'obtiendrez, assura la petite sardine. Et si tu souhaites autre chose, viens me retrouver ici même. File, maintenant !

Milie courut chez elle. Comme sa longue absence avait rendu ses parents inquiets, elle leur raconta l'étrange rencontre qu'elle venait de faire sur les rochers.
– Si seulement tu pouvais taper avec ce bâton sur la table et nous faire apparaître une bonne soupe !
La petite fille ne laissa pas à son père le soin de reformuler son vœu et frappa trois coups sur la table. C'est alors que trois bols de soupe parurent sous leurs yeux ébahis.
Avant de se coucher, la mère se pencha au-dessus du lit de son enfant et lui dit :
– Demain, je veux que tu demandes à ta petite sardine de nouveaux vêtements pour nous tous.

Le lendemain, Milie se rendit sur la plage et grimpa sur les rochers. Elle appela :
– Petite sardine, petite sardine, où es-tu ?
– Milie ! Je suis dans mon trou d'eau, que veux-tu ?
– J'aimerais bien pour ma mère, mon père et moi, des vêtements propres et neufs.
– Tout ce que tu voudras ! répondit la petite sardine.
De retour chez elle, une bonne surprise attendait Milie. Ses parents s'esclaffaient devant leurs beaux habits neufs.
Le soir, ils allèrent se coucher contents de leur bonne fortune. Mais la mère vint une nouvelle fois se pencher sur le lit de son enfant et lui dit :
– Demain, je veux que tu demandes à ta petite sardine qu'elle nous fasse apparaître une belle maison, solide et spacieuse, avec tout ce qu'il faut à l'intérieur.

Le lendemain, Milie eut soudainement très peur de retourner au bord de la mer. Pour ne pas décevoir sa maman, elle s'y rendit pourtant une nouvelle fois et appela :
– Petite sardine, petite sardine, où es-tu ?
– Milie ! Je suis dans mon trou d'eau, que veux-tu ?
– Je… j'aimerais bien une maison plus convenable pour ma famille.
– Tout ce que tu voudras ! répondit la petite sardine.

La fillette se hâta de regagner sa maison. Au loin, déjà, perçait le toit de ce qui semblait être une élégante demeure. Arrivée à sa hauteur, Milie crut que ses yeux la trompaient. Elle pénétra alors dans un jardin merveilleux au bout duquel se dressait une bâtisse digne d'un château.

Comme Noël approchait, la famille se rendit au village acheter de quoi préparer un bon repas de fête. La mère portait une robe brodée de perles étincelantes. Un vieil homme, frissonnant de froid sous ses haillons, s'approcha d'elle.
– Belle dame, par pitié, j'ai si froid et si faim.
– Passe ton chemin, miséreux ! s'écria-t-elle alors.
Elle ne lui donna rien, ne se retourna pas. D'ailleurs, elle ne regardait plus autour d'elle mais levait le menton, d'un air de dédain.
Milie et ses parents passèrent un bon réveillon.

Le lendemain, la petite fille se réveilla le cœur léger, le sourire aux lèvres. Elle avait fait de fabuleux rêves. Lorsqu'elle ouvrit les yeux, elle ne remarqua rien, au début, tant son bonheur était grand. Mais bien vite, elle se rendit compte que les murs l'entourant n'étaient autres que ceux de sa vieille maison ! Un simple coup de vent avait balayé le château et emporté avec lui les beaux habits. Dans la cuisine, il n'y avait plus rien à manger.
Alors, sur l'insistance de sa mère, la petite fille dut retourner sur la plage. Elle appela :
– Petite sardine, petite sardine, où es-tu ?
Rien, personne ne lui répondit cette fois. Il y eut un long silence au bout duquel la petite sardine prit enfin la parole, d'une voix plus lente qu'à l'accoutumée.

– Je suis dans mon petit trou d'eau, Milie… Que veux-tu?
– Ma mère est malheureuse car tout a disparu ! répondit la petite fille entre deux sanglots. Je ne comprends pas !
Alors, la petite sardine lui dit :
– Te souviens-tu, Milie, quand vous étiez heureux d'avoir toutes ces choses? Quand vous aviez un toit solide, des vêtements chauds et de quoi manger pour suffire à votre bonheur? Te souviens-tu, quand vous étiez heureux, du pauvre homme que vous n'avez pas secouru? Ce vieil homme, c'était moi qui vous avais tout donné. Alors je vous ai tout repris.

La petite fille était triste mais comprenait la colère. Elle ne dit rien et, comme elle s'apprêtait à repartir, elle entendit la petite sardine reprendre la parole :
– Je te donne une ferme, avec une vache, un cochon et deux brebis. Avec le travail que cela vous fournira, vous aurez juste de quoi manger.
Milie la remercia du fond du cœur et s'en retourna tout heureuse auprès de ses parents.

Un jour qu'elle se promenait le long de la côte, elle aperçut un bateau aux voiles argentées. Une belle jeune fille en avait sauté et nageait vers le rivage. Cette jeune fille, c'était la petite sardine, qui avait été ainsi transformée par une fée jusqu'à ce qu'elle soit délivrée de son sort en faisant le bien.

FIN

Au sud du littoral

La côte est parsemée de plages qui étirent leurs longues étendues de sable fin vers l'océan. Nature sauvage et stations balnéaires se partagent le sud du littoral. Les phares jouent leur rôle de sentinelles jusque sur les rives de l'estuaire* de la Gironde, là où l'océan rencontre le fleuve.

La presqu'île* d'Arvert et la Côte Sauvage

La station balnéaire de Ronce-les-Bains est située au nord de la presqu'île d'Arvert. C'est là que débutent la Côte Sauvage et ses plages, offertes aux assauts des vents d'ouest. Plus bas, le phare de la Coubre regarde vers l'horizon et la jolie baie de Bonne-Anse.

Royan et la Côte de Beauté

La Côte de Beauté s'étend au sud de la presqu'île*, d'Arvert, de La Palmyre jusqu'aux falaises de Meschers-sur-Gironde. Elle est constellée de petites stations balnéaires : Saint-Palais-sur-Mer, Vaux-sur-Mer, Saint-Georges-de-Didonne… Avec ses plages abritées des vents, sa Grande Conche*, la plus grande, et son cortège de villas, Royan en est le joyau. Pourtant, la ville a été entièrement détruite en 1944 par les bombardements alliés.

Les carrelets

Au bout de pontons reliés à la côte, des cabanes sur pilotis se détachent de la falaise et s'avancent en mer. Les pêcheurs y ont installé de grands filets carrés suspendus au-dessus de l'eau, qu'ils montent et descendent à l'aide d'un treuil. Les carrelets font partie des paysages côtiers de la région et notamment des rives de l'estuaire* de la Gironde.

FOCUS

L'estuaire* de la Gironde

L'estuaire de la Gironde est l'un des derniers grands estuaires sauvages d'Europe. Criques, falaises et marais jalonnent le paysage. Les falaises calcaires de Meschers abritent les grottes de Matata, des habitations creusées dans la roche. De Talmont à Mortagne, la rive de l'estuaire offre un étonnant paysage de falaises qui, peu à peu séparées du rivage, se dressent loin de la côte. Leurs coquillages fossilisés révèlent l'ancienne présence de la mer.

Le phare de Cordouan

Du haut de ses 68 mètres, le doyen des phares de France, encore en activité, signale l'estuaire* de la Gironde depuis plus de 400 ans. Situé en pleine mer, il est surnommé « le roi des phares, le phare des rois » ou encore « le Versailles de la mer ». Accessible depuis Royan, le phare de Cordouan est cependant rattaché à la région Aquitaine.

Le SAIS-TU ?

Fuyant Paris et l'Occupation allemande, Picasso s'est réfugié à Royan entre 1939 et 1940. Il aménage un atelier dans la villa des Voiliers, juste au-dessus du port. Il y peint *Le Café des Bains*, sa plus célèbre toile de la petite station balnéaire.

Le SAIS-TU ?

Au XVIIe siècle, le littoral était un vaste grenier à blé. Les moulins ponctuaient le paysage côtier. Leurs grandes ailes aidaient les bateaux à se repérer, de Royan jusqu'à Blaye, dans l'estuaire* de la Gironde.

Que faire EN CAS DE PLUIE ?

Au pied du grand phare de la Coubre, l'écomusée* de La Tremblade est dédié aux phares et à la mer. Cordouan est par ailleurs le seul phare en mer ouvert à la visite. Un autre écomusée*, situé dans les grottes de Matata, propose de découvrir la vie de l'habitat troglodytique, de la Préhistoire à nos jours.

Les îles

La côte est protégée par quatre îles. Les deux plus grandes, Oléron et Ré, sont rattachées au continent par des ponts. Elles veillent sur leurs petites voisines, Aix et Madame. La douceur du climat et la beauté des paysages préservés en font des destinations très appréciées. Mais chacune possède son propre caractère…

Ré, l'île blanche

Une ribambelle de pistes cyclables y serpentent à travers bois, vignobles*, villages et marais salants. La récolte du sel, «l'or blanc», lui a d'ailleurs valu son surnom. Encerclée de fortifications en étoile, Saint-Martin est la capitale de Ré, tandis que, surgissant des toits, le clocher d'Ars en est l'emblème. Les roses trémières qui courent le long des maisons ont également fait la renommée de l'île.

Oléron, l'île aux parfums

Ainsi surnommée par Pierre Loti en raison de sa végétation qui s'épanouit au soleil, Oléron «la lumineuse» est la plus grande des îles de la côte atlantique. Elle propose de nombreuses visites: Château-d'Oléron et sa citadelle, le port de La Cotinière, Saint-Denis-d'Oléron et ses écluses à poissons… L'île possède de magnifiques forêts, des marais et, bien entendu, de longues plages. Celle de Boyardville offre une vue imprenable sur le plus célèbre des forts de la région.

Aix, l'île de l'exil

Aix est une petite île composée d'un bois, de criques et de fortifications. Plane sur elle l'ombre d'un empereur déchu : Napoléon Ier*. Au lendemain de la défaite de Waterloo, le 18 juin 1815, il passa là ses trois derniers jours sur le sol français avant d'être exilé sur l'île Sainte-Hélène. La maison où l'Empereur séjourna a été transformée en musée consacré à son souvenir.

Madame, l'île authentique

1 kilomètre de long sur 600 mètres de large : outre la dizaine de carrelets faisant face à l'océan, la plus petite des quatre îles abrite une ferme «aquacole*» ouverte à la visite, quelques maisons et un fort. Elle est accessible à pied par «la passe aux bœufs», un passage naturel qui se découvre à marée basse.

Fort Boyard, la forteresse flottante

Au large d'Oléron, une impressionnante bâtisse est comme posée sur l'eau. Envisagé par Louis XIV, le fort ne fut édifié qu'au XIXe siècle, au terme d'une soixantaine d'années de travaux ! Malgré ses trois étages de canons, il devint alors inutile. Transformé quelque temps en prison, le vaisseau de pierre sombra finalement dans l'oubli. Jusqu'au jour où un jeu télévisé lui offrit une seconde vie.

le SAIS-TU ?

La Conche* des Baleines, sur l'île de Ré, doit son nom à l'échouage, il y a fort longtemps, de trois cents cétacés. Bordée par de hautes dunes et une forêt de pins, c'est la plus belle plage de l'île de Ré. Au bout de l'île, le phare des Baleines est l'un des trois plus anciens des côtes françaises.

le SAIS-TU ?

Les nombreuses forteresses qui essaiment la côte et les îles ont été édifiées ou améliorées par Vauban, à l'époque de Louis XIV, afin de protéger l'arsenal* royal de Rochefort des assauts anglais et hollandais.

Que faire EN CAS DE PLUIE ?

Les îles de Ré et d'Oléron possèdent toutes deux un écomusée* dédié aux marais salants et au savoir-faire des sauniers*. L'histoire de l'huître et le travail de l'ostréiculteur* font l'objet du musée maritime L'Escale de La Tremblade. Le musée Platin de Ré retrace la vie sur l'île. Enfin, le Musée de l'île d'Oléron, dédié à son histoire, propose un parcours destiné aux enfants.

Des villes tournées vers l'océan

Tout dans les villes de La Rochelle et de Rochefort nous rappelle le lien qui les unit à la mer. Les anciens villages de pêcheurs ont laissé place à des cités portuaires rayonnantes. Un parfum d'aventure souffle sur ces villes tournées vers le grand large.

La Rochelle

La ville a conservé les empreintes d'un glorieux passé maritime : les tours de la Chaîne et Saint-Nicolas à l'entrée du Vieux Port, la Grosse Horloge érigée au XIVe siècle, les rues à arcades du Moyen Âge, les édifices Renaissance tels que l'hôtel de ville ou les maisons des riches armateurs du XVIIIe siècle. Aujourd'hui le port de commerce de La Pallice côtoie celui des Minimes qui accueille chaque année le défilé des bateaux du Grand Pavois.

Rochefort

En 1666, Colbert, alors ministre de Louis XIV, décide d'installer dans cette petite ville de pêcheurs le grand arsenal* dont a besoin le royaume. Les navires de la Marine royale y sont construits. Dans l'impressionnant monument de la Corderie sont réalisés voiles et cordages. Située sur une boucle de la Charente, Rochefort possède également un pont transbordeur qui transporte les piétons d'une rive à l'autre. Inauguré en 1900, c'est le dernier de France.

Les stations balnéaires

De La Rochelle à Rochefort, la côte est protégée des vents par les îles. Au XIXe siècle, la mode des bains de mer et l'arrivée du chemin de fer font naître les stations. Ainsi, Châtelaillon-Plage, aux avenues bordées de villas, et sa plage de 3 kilomètres. Plus au sud, la presqu'île* de Fouras-les-Bains possède encore son château fortifié par Vauban.

FOCUS

L'Hermione, « la frégate de la liberté »

C'est à Rochefort que fut entreprise la reconstruction de la frégate *L'Hermione*, destinée à hisser les voiles sur les traces de La Fayette… En 1780, elle permit au célèbre marquis de traverser l'Atlantique pour rejoindre l'Amérique. Après avoir convaincu le roi Louis XVI d'apporter une aide militaire aux insurgés américains qui luttent pour leur indépendance, La Fayette part prévenir le général Washington. Embarqué à Rochefort, il atteint Boston au terme de trente-huit jours de traversée. *L'Hermione* mena plusieurs combats victorieux et fut surnommée « la frégate de la liberté ».

Vers le Nouveau Monde

La région a joué un rôle important dans la découverte et la colonisation de la Nouvelle-France, sur le continent américain. Au XVIe siècle, les navires allaient pêcher la morue sur les bancs de Terre-Neuve. Un siècle plus tard, les colons, issus du Poitou et des provinces charentaises, partirent peupler le Nouveau Monde, en particulier le Canada. L'Acadie est la première colonie française d'Amérique du Nord. La Rochelle se lança également dans le commerce avec les Antilles et dans la traite négrière, l'exploitation des esclaves venus d'Afrique.

Le SAIS-TU ?

Les Demoiselles de Rochefort est une célèbre comédie musicale de 1967 qui se déroule essentiellement sur la place Colbert.

Le SAIS-TU ?

Les vélos jaunes qui sillonnent La Rochelle depuis 1976 comptent parmi les tout premiers vélos en libre-service de France. Le système s'est depuis développé dans la majorité des grandes villes.

Que faire EN CAS DE PLUIE ?

L'aquarium de La Rochelle traverse toutes les mers du globe. La ville abrite également un musée consacré au Nouveau Monde. Sans oublier les navires visitables du musée maritime. À Rochefort, se trouve le musée national de la Marine tandis que la Corderie Royale est l'un des monuments les plus visités de la région.

Le bord de mer

Le bord de mer est calme, seulement bercé par les flots et le cri des oiseaux. Pourtant, à marée* basse, les rochers et les vasières* grouillent de vie. Plus loin, les forêts du littoral ont presque les pieds dans l'eau.

La vie des rochers

L'estran est la partie du littoral couverte et découverte par la mer. La crevette bouquet se met à l'abri sous les algues des trous d'eau laissés par la marée*. De petits poissons évoluent à ses côtés tel le gobie, qui s'accroche au rocher à l'aide de sa ventouse ventrale. Il côtoie l'anémone, fixée à la roche, les oursins et les étoiles de mer, ainsi que la patelle, un coquillage en forme de « chapeau chinois », et le bigorneau, qui ressemble à un petit escargot marin.

Le SAIS-TU ?

À marée* basse, l'estran laisse apparaître d'insolites murs de pierres : les écluses à poissons. Le poisson qui y pénètre à marée montante s'y retrouve piégé quand la mer redescend. Cette technique de pêche existe depuis le Moyen Âge sur les îles de Ré et d'Oléron.

Coquillages et crustacés

La coque, la praire et la palourde s'enfouissent dans le sable ou la vase. Le pétoncle et la coquille Saint-Jacques, habitués aux eaux profondes, se font encore plus discrets. Quant à l'étrille, le tourteau et l'araignée de mer, ils appartiennent à la grande famille des crabes. Lors des grandes marées*, les pêcheurs vont ramasser les coquillages. La pêche au couteau est particulièrement amusante. Pour déloger ce long coquillage qui se réfugie dans le sable, il faut utiliser un peu de sel que l'on verse dans les petits trous qui trahissent sa présence.

Prairies sous-marines

Les zostères sont des herbes marines formant, sous l'eau, de vastes prairies appelées « herbiers ». Ces habitats remarquables abritent toute sorte d'animaux. C'est le royaume de l'hippocampe et de son cousin le syngnathe ou « aiguille de mer ». On y rencontre aussi la seiche, qui pond des grappes d'œufs noirs appelés « raisins de mer ».

le SAIS-TU ?

En 2013, des petits homards ont été pour la première fois réintroduits aux abords de l'île de Ré. Des enfants ont même pu les adopter. Sous l'eau, le crustacé possède une belle carapace bleue.

Laisses de mer

Les algues mêlées aux débris déposés par la mer lorsqu'elle se retire s'appellent des « laisses de mer ». Les « talitres », des puces de mer que l'on voit sans cesse sauter, en ont fait leur habitat. Parmi les fragments de coquillages et les morceaux de bois, on trouve d'étonnantes coquilles blanches ovales : les « os de seiche ».

Les forêts dunaires

Au cours du XIXe siècle, des pins furent plantés pour fixer les dunes qui se déplaçaient au gré du vent vers les villages. C'est ainsi que la forêt de la Coubre de la presqu'île* d'Arvert et les massifs de l'île d'Oléron virent le jour. Dominées par les pins maritimes et les chênes verts, ces forêts abritent de nombreux animaux sauvages. Des bombardements de la Seconde Guerre mondiale à la terrible tempête de 1999, elles ont traversé bien des épreuves.

FOCUS

Marais salants et bassins ostréicoles

Sur l'île de Ré, les sauniers* récoltent « l'or blanc » depuis le Moyen Âge. Les huîtres d'Oléron jouissent quant à elles d'une grande réputation. Sur la côte est de l'île, « la route des huîtres » sillonne entre les bassins où elles sont élevées et les cabanes multicolores des ostréiculteurs*. Le bassin de Marennes-Oléron en est le lieu de production le plus important de France. On y pratique la culture dite « en claires ».

De grands voyageurs

La côte et les îles charentaises sont une aubaine pour les oiseaux migrateurs* qui viennent s'y reposer avant de poursuivre leur long périple vers la Sibérie ou l'Afrique. Les poissons voyagent dans l'océan et les eaux douces de l'estuaire* de la Gironde, haut lieu de la vie marine. Les plantes peuvent, elles aussi, être amenées à se déplacer.

Oiseaux du grand large

Le fou de Bassan pêche le poisson en effectuant des piqués spectaculaires dans l'eau. C'est le plus grand des oiseaux marins de la côte atlantique. L'océanite tempête, elle, n'est pas plus grande qu'une hirondelle. Ces oiseaux migrateurs* vivent en pleine mer et ne retournent à terre que pour nicher. Le puffin regagne ainsi sa colonie grâce à son excellent sens de l'orientation.

Oiseaux du bord de mer

Le bécasseau sanderling et le grand gravelot courent avec vivacité après le ressac à la recherche de puces de mer. Le tournepierre utilise quant à lui son bec tel un outil pour retourner les pierres et y débusquer les crustacés. Malgré son nom, l'huîtrier-pie préfère les moules. Avec ses pattes et son bec rouges, on le reconnaît facilement.

FOCUS

La réserve naturelle* de Lilleau des Niges

Gérée par la LPO*, la réserve a été créée sur d'anciens marais salants au cœur de l'île de Ré. Elle est située sur l'une des grandes voies de migration d'Europe et accueille chaque année des milliers d'oiseaux. C'est le cas de la bernache cravant, une petite oie que l'on rencontre l'hiver sur les vasières*. Au printemps, c'est le ballet des tadornes de Belon, échasses blanches et avocettes élégantes ! La réserve abrite même un magnifique petit oiseau au plastron bleu : la gorgebleue à miroir.

Poissons des pertuis*

Le long de la côte ou au large des îles, les poissons sont légion. La robe argentée du bar rivalise avec les jolis reflets de la daurade. Sous ses faux airs d'anguille, le congre possède une longue nageoire dorsale tandis que la raie, en forme de losange, évolue gracieusement dans l'eau.

Un estuaire* fréquenté

L'estuaire de la Gironde est situé sur l'un des passages les plus empruntés par les poissons migrateurs*. C'est le seul estuaire d'Europe où l'esturgeon vient encore se reproduire. Celui que l'on appelle localement le « créa » est recherché pour ses œufs, transformés en caviar. Mais le poisson est aujourd'hui protégé.

le SAIS-TU ?

Il n'est pas rare d'observer des dauphins longeant la côte tandis que le large est visité par de pacifiques requins (dont le grand requin-pèlerin). Sans oublier la tortue luth, la plus grande de toutes les tortues.

Des plantes exploratrices

Les arbres et les plantes subissent les effets de l'évolution du climat. Le littoral bénéficie d'un ensoleillement lui permettant d'abriter des espèces qui poussent habituellement en Méditerranée : l'Ophrys jaune, le Ciste à feuilles de laurier, le Daphné garou ou encore le Filaire à feuilles étroites. Ces plantes cohabitent avec une végétation océanique.

Le zoo de La Palmyre

La Palmyre abrite un parc zoologique réputé dans toute l'Europe, au cœur de la forêt et des dunes. 1 600 animaux y évoluent dans leurs milieux naturels reconstitués. Le soin apporté à leur bien-être permet au parc d'enregistrer de nombreuses naissances !

Chanson

La pêche des moules

Née en Saintonge (l'une des plus anciennes provinces de la région) au XVIIIe siècle, *La pêche des moules* est à l'origine une danse traditionnelle. Elle a été rendue célèbre par l'émission télévisée *Le Petit Rapporteur*, animée par Jacques Martin dans les années 1975-76, sous le nom de *À la pêche aux moules*.

(Refrain)
À la pêche des moules,
Je n'veux plus y aller, maman,
À la pêche des moules,
Je n'veux plus y aller.

Les garçons de Marennes
M'ont pris mon panier, maman,
Les garçons de Marennes
M'ont pris mon panier.
(Refrain)

Les garçons sont volages,
Comme pluie et vent, maman,
Les filles sont fidèles,
Comme l'or et l'argent, maman.
(Refrain)

Ah ! quand ils vous tiennent,
Ces jolis enfants, maman,
Ils vous font tant d'caresses,
Et de compliments, maman,
Ils vous font tant d'caresses,
Et de compliments.
(Refrain)

À table !

En Poitou-Charentes, les saveurs se partagent entre la terre et la mer. Le Poitou est la région du fromage de chèvre tandis que le vignoble* du cognac est mondialement connu ! De nombreux produits, qui sont le fruit de toute une tradition de fabrication, font ainsi la fierté de la région et de la gastronomie française. La plupart d'entre eux bénéficient d'une appellation d'origine contrôlée (AOC), un label visant à protéger et garantir l'origine de ces produits issus d'un terroir* et d'un savoir-faire particulier.

Le broyé du Poitou

Ingrédients

500 g de farine – 250 g de sucre – 2 œufs – 250 g de beurre – 1 pincée de sel
1 cuillère à café de fleur d'oranger (facultatif) – 1 jaune d'œuf pour la dorure

Préparation

1. Préchauffer le four à 180 °C (thermostat 6).
2. Mélanger la farine, le sucre, les œufs et le beurre ramolli coupé en dés, sans oublier la pincée de sel et, selon les goûts, la cuillerée de fleur d'oranger. La pâte obtenue doit être ferme.
3. Pétrir à la main en arrachant de petits morceaux que l'on agglomère à nouveau. Rouler en boule et recommencer l'opération plusieurs fois. Cette étape s'appelle le fraisage : elle rend la pâte friable.
4. Rouler en boule une dernière fois puis étaler la pâte au rouleau. L'épaisseur doit être d'1 cm environ.
5. Dessiner des rayures sur la pâte avec une fourchette, puis, à l'aide d'un pinceau de cuisine, badigeonner le dessus avec le jaune d'œuf.
6. Enfourner 25 minutes. On peut servir la galette à l'ancienne, c'est-à-dire en la broyant afin que chacun choisisse le morceau qu'il désire ! Ou plus simplement en coupant de délicieuses parts.

Les pâtisseries

Parmi les pâtisseries typiques de la région, le scofa de Niort et de Ligugé ressemble à un mille-feuille. Il est appelé ainsi en raison des initiales des produits entrant dans sa composition : sucre, crème, œufs, farine et amandes ! La cornuelle, une pâtisserie triangulaire, percée d'un trou et constellée de grains d'anis colorés, est préparée à l'occasion de la fête des Rameaux. Enfin, la galette charentaise se dit ici « goulebenèse » !

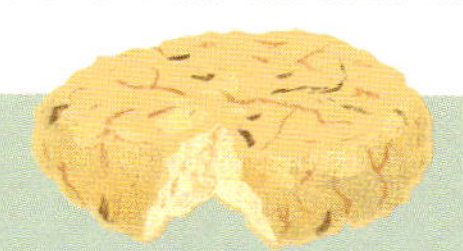

Macarons

Spécialité emblématique de Montmorillon mais aussi de Niort et Lusignan, le macaron est un petit gâteau rond à base de sucre, de blancs d'œuf et d'amandes. Ce macaron à l'ancienne est très éloigné des macarons multicolores à deux faces.

Le tourteau fromager

Tout aussi typique de la région, le tourteau est un surprenant gâteau réalisé à base de lait de chèvre. Grâce à sa texture très aérée, il fond dans la bouche. Il serait le résultat d'une recette ratée, d'où sa croûte noire !

Un plat ancestral

Le farci poitevin est le plat le plus typique de la région. À base de chou, de multiples ingrédients entrent dans sa composition : lardons, oseille, pain dur, œufs, ail, oignons, échalotes, ciboulette et persil ! Il en existe en fait de nombreuses variantes.

Les fromages de chèvre

Première région pour la production de lait de chèvre, le Poitou-Charentes offre une incroyable variété de fromages de chèvre, dont le fameux « chabichou ». Il fait partie des quelques privilégiés à bénéficier d'une AOC.

Un beurre AOC

Le beurre Charentes-Poitou est le premier beurre français à bénéficier d'une AOC. Il regroupe diverses productions de la région dont le beurre d'Échiré, du nom de la commune où il est produit. Sa réputation en fait l'un des fleurons gastronomiques de la région.

Une région viticole

Le vignoble* charentais est le deuxième de France après celui de Bordeaux. Il est presque exclusivement consacré à l'élaboration du cognac et du pineau. Le pineau se déguste frais comme apéritif et le cognac en fin de repas.

Le melon charentais

La région assure une importante partie de la production nationale de melon. La culture de ce fruit gorgé de soleil à la chair orangée a plus d'un siècle. En 1856, un jardinier eut en effet l'idée de le cultiver en pleine terre.

Les pommes de terre de Ré

Ambassadrice de l'île, une savoureuse pomme de terre s'épanouit sous le climat doux et ensoleillé de l'île de Ré. Cinq variétés poussent sur un sol sablonneux balayé par les brises marines. Réputées pour leur saveur délicate et leur petit goût iodé, elles aussi bénéficient d'une AOC. Cultivées dans une zone bien particulière, entre Ars et Saint-Martin, elles sont récoltées au début de chaque printemps.

Enfants du Poitou-Charentes

Ces enfants, en grandissant, ont marqué l'Histoire ou l'écrivent encore dans de multiples domaines. Femmes aux destins exceptionnels, explorateurs des continents et des saveurs, écrivain voyageur et même un président de la République !

Aliénor d'Aquitaine

Guillaume IX d'Aquitaine, son grand-père, serait le plus ancien des troubadours. En 1137, à l'âge de 15 ans, Aliénor hérite du duché* d'Aquitaine et du comté du Poitou, et devient reine de France en épousant Louis VII. En 1152, elle se remarie avec Henri Plantagenêt qui deviendra Henri II, roi d'Angleterre, deux ans plus tard. Aliénor fait de Poitiers un foyer intellectuel, et les grands poètes de l'époque lui composent des chansons courtoises*. Aliénor d'Aquitaine vécut 82 ans, de 1122 à 1204.

Samuel de Champlain

Champlain est né à Brouage vers 1567. Navigateur, explorateur, cartographe, il est surtout connu pour être le fondateur de Québec. À partir de 1603, il effectue des expéditions vers l'Amérique du Nord sur les traces de Jacques Cartier. Quelques décennies plus tôt, en 1534, ce dernier avait nommé « Canada » une terre nouvelle dont il avait pris possession au nom du roi de France. Le 3 juillet 1608, Champlain fonde la ville de Québec et devient ainsi « le père de la Nouvelle-France ». À sa mort, en 1635, elle ne compte encore qu'une poignée d'hommes.

Madame de Maintenon

Née à Niort en 1635, Françoise d'Aubigné est la petite-fille du poète Agrippa d'Aubigné. Veuve d'un autre célèbre poète, Scarron, elle devient gouvernante des enfants illégitimes de Louis XIV et de la marquise de Montespan. En récompense, le Roi-Soleil lui attribue le domaine de Maintenon. Après la mort de la reine, le roi l'épouse secrètement. Elle a sur lui une grande influence : les divertissements sont bannis de Versailles, elle impose ordre et rigueur à la Cour, le roi vieillissant devient dévot*. Elle meurt en 1719, à l'âge de 84 ans.

Pierre Loti

Julien Viaud, de son vrai nom, est né à Rochefort en 1850. Sa carrière d'officier de marine le mena sur les océans du monde. Écrivain voyageur, il s'est inspiré de ses nombreux séjours en Orient, en Afrique, au Japon ou dans le Pacifique pour écrire ses romans. Il est notamment l'auteur de *Pêcheur d'Islande* (1886). En 1891, il est élu à l'Académie française*. Pierre Loti est une personnalité hors du commun qui a bercé d'exotisme son œuvre et sa vie, jusque dans sa maison natale de Rochefort, aux allures de temple oriental. Il meurt en 1923 et, selon ses vœux, repose dans le jardin de la « maison des aïeules », ses tantes, sur l'île d'Oléron.

François Mitterrand

Il entre dans l'histoire en 1981, lorsqu'il est élu président de la République à la tête du Parti socialiste. Il sera réélu en 1988. Tout au long de son mandat, il initie de grands travaux dans Paris : la Pyramide du Louvre, la Grande Arche de la Défense, l'Opéra de la Bastille, la Cité des sciences de la Villette et enfin la Bibliothèque nationale de France, qui porte son nom. Au lendemain de sa première élection, il fait également voter l'abolition de la peine de mort. François Mitterrand repose à Jarnac, sa ville natale, depuis 1996.

Joël Robuchon

Né à Poitiers en 1945, ce grand chef de la gastronomie française a commencé en cuisine à l'âge de 15 ans. Talentueux, il est sacré Meilleur Ouvrier de France en 1976, puis Chef de l'année en 1987 et Cuisinier du siècle en 1990… En 2003, ses « Ateliers » ouvrent leurs portes à Paris et Tokyo. Il décline l'idée de ces restaurants innovants sur tous les continents. Le plat phare de ce chef cuisinier auréolé d'étoiles (il en détient, à ce jour, le plus grand nombre au guide Michelin) est la purée !

Le SAIS-TU ?

Dans la région sont nées d'illustres personnalités historiques : le futur roi de France, François Ier, et sa sœur, la femme de lettres Marguerite de Navarre. Mais aussi l'assassin du roi Henri IV, Ravaillac ! Sans oublier Jean Monnet, l'un des principaux « pères » de l'Europe.

La fée Mélusine

D'origine poitevine, Mélusine, la fée bâtisseuse, est associée à l'histoire des Lusignan, une riche famille du Poitou qui justifiait ainsi sa puissance et sa noble lignée, et pour qui elle était alors la « mère Lusigne ». La version la plus connue de sa légende a été écrite par Jean d'Arras à la fin du XIVe siècle. Aujourd'hui, Lusignan est une commune du Poitou-Charentes qui possède l'un des plus grands châteaux forts de France. Ses habitants sont appelés les Mélusins et les Mélusines en souvenir de la fée médiévale.

Il était une fois un roi très malheureux du nom d'Élinas. Fort heureusement, il tomba un beau jour sous le charme de la belle Pressine. Mais avant de l'épouser, sa promise exigea de lui qu'il ne cherche pas à la voir lorsqu'elle mettrait leurs enfants au monde. Le roi était amoureux, il accepta.

Ils vivaient heureux, et un bonheur de plus vint les combler lorsque Pressine fut enceinte. Mais le roi, au jour de l'accouchement, enfreignit l'interdit. N'écoutant que son bonheur, il entra dans la chambre où se trouvait son épouse… transformée en dragon ! Il venait de découvrir le terrible secret de Pressine, qui était une fée, et fut alors puni de son indiscrétion. Le pacte rompu, la fée se réfugia sur l'île d'Avalon avec ses trois filles : Mélusine, Mélior et Palestine. Souvent, Pressine leur racontait son malheur ; mais elle avait l'imprudence de mentionner la faute commise par leur père. Si bien qu'en grandissant, Mélusine et ses sœurs ne songeaient plus qu'à la venger. Un jour, elles enfermèrent Élinas au cœur d'une montagne magique. Mais cela parut trop sévère à Pressine qui chassa ses filles en leur prédisant de grandes infortunes. Mélusine, la plus coupable, reçut une punition sans pareille.

Depuis lors, la jeune fée était condamnée à ce que, chaque samedi, ses jambes se transforment en une monstrueuse queue de serpent. Elle serait alors vouée à vivre seule et malheureuse, à moins qu'elle n'épouse un chevalier aimant et peu curieux…

Dans la forêt de Coulombiers, un chevalier du nom de Raymondin chevauchait à vive allure. Il venait de tuer par accident son oncle bien-aimé, le comte de Poitiers, lors d'une partie de chasse. Envahi par le chagrin et la peur des représailles, une fois la nouvelle répandue, le jeune homme laissait sa monture aller au hasard.
Soudain, il aperçut près d'une fontaine trois sœurs d'une époustouflante beauté. Il descendit de son cheval et le tint par la bride, intimidé. L'une des jeunes filles, Mélusine, remarqua sa présence et s'avança vers lui. De longs cheveux ondulaient sur ses épaules. Raymondin retint son souffle.
– Que fait un beau chevalier seul et si triste dans la forêt? lui dit-elle de la voix la plus douce qu'il lui ait été donné d'entendre.
Alors, déjà épris de la jolie fée, Raymondin lui conta toute son histoire : le sanglier, le coup de feu trop vite parti, et son oncle gisant à terre.
Mélusine l'écoutait avec attention et, quand il eut fini, elle le réconforta et lui promit de l'aider.
– Si tu m'épouses, je ferai de toi un homme riche et puissant.
Raymondin plongea ses yeux tout à la fois abasourdis et émerveillés dans ceux de Mélusine. Tandis qu'il s'apprêtait à lui donner réponse, elle posa un doigt sur ses lèvres.
– En échange, tu dois me promettre de ne jamais chercher à me voir le samedi… Et tu ne dois pas non plus me poser de questions à ce sujet.
« Voilà un vœu bien singulier » pensa Raymondin.
Mais, subjugué par l'extraordinaire beauté et la finesse d'esprit de la jeune fille, il n'hésita pas une seconde.
Le regard de Mélusine était brillant d'espoir : ce jeune chevalier pourrait bien être celui qui la délivrerait de sa terrible malédiction.

De retour à la cour, Mélusine tint ses promesses. Raymondin n'avait plus rien à craindre.
Aussitôt les noces célébrées, la fée usa de sa magie et bâtit pour son époux, en une nuit, près de la fontaine où ils s'étaient rencontrés, le magnifique château de Lusignan. Et pour que Raymondin devienne le plus puissant seigneur du Poitou, elle parsema chaque nuit les collines alentour d'imposantes forteresses.

Elle édifia les villes de Melle, Parthenay, Talmont, Saintes, Pons, Niort, jusqu'aux remparts de La Rochelle, et bien d'autres innombrables merveilles, sous le seul regard indiscret de la Lune.

Pendant de nombreuses années, ils vécurent heureux. Mélusine donna naissance à dix garçons. L'un n'avait qu'un œil, l'autre une griffe de lion sur la joue, un autre encore possédait une oreille disproportionnée, et son frère, une dent démesurée… rappelant leurs origines surnaturelles, dont seule Mélusine connaissait le secret. Tous deviendraient certainement de puissants rois dans de lointains royaumes. Raymondin, lui, vivait simplement sous le charme de sa belle, comblé par sa famille.

Le bonheur et la prospérité du couple finirent cependant par attiser la jalousie du frère de Raymondin, le comte de Forez.

Un beau jour, alors qu'il était venu leur rendre visite, le comte parvint à semer le doute dans l'esprit de Raymondin.

– Allons, mon frère, comment peux-tu être aussi aveugle ! Ne vois-tu pas que ton épouse se moque de toi ? Que fait-elle dans cette pièce où elle prend soin de s'enfermer chaque samedi ? Que cherche-t-elle à dérober aux yeux de son mari si ce n'est la présence d'un autre homme dans sa vie ?

– Je ne me questionne pas autant sur ma bien-aimée ! lui répondit Raymondin afin de couper court à la discussion.

Son ton était agacé mais déjà, dans sa voix, perçait un semblant d'inquiétude.

La semaine s'écoula sans que Raymondin ne puisse trouver le sommeil. Nuit et jour, les paroles de son frère troublaient ses esprits. Il pensait à la promesse faite à Mélusine près de la fontaine et se remémorait les moments délicieux passés à ses côtés. Son sourire bienveillant pouvait-il être trompeur ? Pourquoi tant de mystère après tout ! Le doute s'amplifia jusqu'à lui faire perdre la raison. S'il parvenait à se ressaisir, c'était pour mieux sombrer dans de noires pensées.

Raymondin ne voyait qu'une seule façon de retrouver ses esprits et, aveuglé par la colère, il voulut à tout prix savoir ce que lui dissimulait son épouse.

Le samedi suivant, Mélusine rejoignit discrètement la pièce où elle tenait enfermé son secret. Raymondin entendit la clé tourner dans le verrou et en fut parcouru de frissons. Il se hâta vers la porte sur laquelle il n'avait jamais, auparavant, attardé son regard. Puis, sans bouger, ni même respirer, il écouta d'abord à travers la lourde paroi. Mais rien, aucun bruit ne vint le surprendre.
Le cœur battant, il y perça un petit trou de la pointe de son épée et, après une longue inspiration, osa y jeter un œil. Il découvrit alors la belle Mélusine dans son bain, ses longs cheveux sur ses épaules nues. Il ressentit un soulagement, quand son regard se posa subitement sur une interminable queue de serpent ! Ce qu'il venait de voir dépassait tout ce qu'il avait pu imaginer.
Comme foudroyé, il s'écarta vivement de la porte en poussant un cri. Puis, maîtrisant son émoi, il fut aussitôt empli de remords et maudit son frère.
En vain. Mélusine s'était dressée dans son bain. Pour leur plus grand malheur à tous deux, son imprudent mari venait de rompre son serment. Les yeux de la fée s'emplirent de larmes et, à jamais transformée, elle s'envola par l'une des fenêtres du beau château de Lusignan. C'est ainsi que Raymondin la perdit pour toujours.

Depuis ce jour, on raconte que Mélusine, rendue à sa forme de femme-serpente pour l'éternité, ne cesse de revenir survoler les lieux en souvenir de son bonheur passé.

FIN

Sur la route de Compostelle

Le Poitou-Charentes est traversé par l'une des voies menant à la ville espagnole de Saint-Jacques de Compostelle. Elle est jalonnée d'édifices dans lesquels s'affirme le style de l'époque : l'art roman. D'autres pages d'histoire sont à découvrir dans les cités médiévales...

Édifices romans d'exceptions

L'église Notre-Dame-la-Grande de Poitiers et la cathédrale Saint-Pierre d'Angoulême sont célèbres pour leur façade sculptée. Certains édifices sont inscrits au patrimoine mondial de l'Unesco* au titre des chemins de Saint-Jacques. C'est le cas de l'abbaye de Saint-Savin, dans la Vienne, connue pour ses peintures murales. Mais aussi Saint-Pierre d'Aulnay et son remarquable décor sculpté ainsi que Saint-Eutrope de Saintes. Sans oublier les églises Saint-Hilaire de Melle et Saint-Pierre de Parthenay.

FOCUS

Compostelle

Le pèlerinage de Compostelle était un rite catholique très important au Moyen Âge. Les pèlerins rejoignaient le tombeau de l'apôtre Jacques, situé dans la cathédrale de Saint-Jacques-de-Compostelle en Espagne. En France, quatre routes principales, encore empruntées de nos jours, les menaient ainsi vers les Pyrénées. Celle qui part de Tours, la *via Turonensis*, traverse le Poitou et la Saintonge.

Châteaux et vestiges médiévaux

Fondée sur un promontoire rocheux, Chauvigny abrite cinq châteaux forts construits entre le XIe et le XVe siècle, dont on admire aujourd'hui les vestiges. Les cités médiévales de Pons et de Jonzac conservent elles aussi de belles pierres, comme l'imposant donjon des sires de Pons qui surplombe la vallée de la Seugne. La région compte par ailleurs l'un des plus vastes donjons romans de France : celui de Niort.

le SAIS-TU ?

Talmont-sur-Gironde, avec son église romane, fait partie des « plus beaux villages de France ». Il s'élève sur le bord d'une falaise surplombant l'estuaire* de la Gironde.

FOCUS

De puissants seigneurs

La cité médiévale de Parthenay possède un riche patrimoine* : château et fortifications, maisons à pans de bois, églises… Ses seigneurs étaient puissants et participèrent aux luttes opposant les souverains français – les Capétiens – et anglais – les Plantagenêts – pour la possession du Poitou. À Échiré, la forteresse de Coudray-Salbart fut ainsi édifiée grâce au soutien du roi d'Angleterre Jean Sans-Terre. Les vestiges du château fort impressionnent par leur exceptionnel état de conservation malgré les siècles traversés.

Le pays des abbayes

Celles-sur-Belle, située dans les Deux-Sèvres, possède une abbaye royale d'une architecture remarquable. L'abbaye aux Dames de Saintes est l'une des perles de l'art roman.

FOCUS

L'art roman

Les édifices religieux étaient des étapes sur la route de Compostelle. Le style roman apparaît vers l'an mille dans l'architecture religieuse. L'aspect des églises est transformé, et leurs plafonds de bois sont remplacés par des voûtes de pierre. L'art roman s'exprime notamment dans la richesse de ses sculptures et de sa peinture.

Que faire EN CAS DE PLUIE ?

Le château de Crazannes est plus connu sous le nom de « château du chat botté ». Il fut la propriété d'un certain marquis de Carabas dont s'inspira Charles Perrault pour écrire son célèbre conte. Le château de la Roche-Courbon fut quant à lui surnommé « le château de la belle au bois dormant » par Pierre Loti. Pour découvrir l'art roman, les édifices ne manquent pas dans la région ! L'hôpital des Pèlerins de Pons, classé par l'Unesco*, mérite une halte.

Des villes d'histoire et de culture

Les villes du Poitou-Charentes, en plus d'un patrimoine* historique très riche, jouissent d'une ambiance festive. Cognac, Poitiers et Thouars, par exemple, se sont vues attribuer le label « ville d'art et d'histoire ». Tout au long de l'année, de nombreuses manifestations culturelles s'invitent dans le décor de ces cités.

Poitiers, *retour vers le futur*

Ancienne capitale des Pictons, Poitiers fut aussi une ville médiévale rayonnante. Les puissants comtes de Poitou et ducs d'Aquitaine en firent un foyer de l'art roman à l'image de leur palais et l'église Notre-Dame et son extraordinaire façade. La ville possède l'une des plus anciennes universités de France, bâtie en 1431 ! Aux portes de Poitiers, le Futuroscope, un parc d'attractions constitué de pavillons aux formes futuristes, accueille chaque année 1,8 million de visiteurs.

FOCUS

Festivals et manifestations

Le festival de la bande dessinée d'Angoulême, fin janvier, est le rendez-vous incontournable des passionnés de bulles. En juillet, c'est le festival de musique des Francofolies qui déplace les foules jusqu'à La Rochelle. Bien d'autres festivals, plus ou moins connus, animent la région, comme le Nombril du Monde de Pougne-Hérisson où sont donnés des spectacles de contes… Quant à la ville de Parthenay, elle devient un immense plateau de jeu lors du Festival Ludique International, qui a lieu en juillet.

Montmorillon, la cité du livre

La Cité de l'écrit et des métiers du livre a pris place dans la ville de Montmorillon. Les rues du quartier médiéval sont bordées de boutiques consacrées à la lecture, à l'écriture et au livre. Libraires, relieurs, restaurateurs de livres, graveurs et calligraphes ouvrent leur porte aux curieux.

FOCUS

Les traditions

La poterie saintongeaise, à partir du XIIIe siècle, et le papier charentais, au XVIe, furent deux des grandes richesses de la région. Très viticole, elle est également connue pour ses tonneliers dont Cognac est le berceau. La tonnellerie est la fabrication des barriques en chêne contenant le vin. Enfin, les pantoufles de feutre, plus connues sous le nom de «charentaises», seraient nées au XVIIe siècle à La Rochefoucauld où elles sont encore fabriquées.

Saintes, ville antique

Dans la cité des Santons, peuple gaulois soumis, les Romains diffusèrent leur mode de vie et leur architecture. D'imposants monuments y furent élevés, comme l'amphithéâtre, qui pouvait contenir plusieurs milliers de spectateurs. Dans l'arène, gladiateurs et fauves se livraient bataille ! Une porte monumentale se dresse encore dans la ville : c'est l'Arc de Germanicus, qui marquait l'entrée de la ville antique et la fin de la *via Agrippa*, l'une des quatre grandes routes de la Gaule romaine.

Le SAIS-TU ?

La découverte d'un homme de Néandertal est à l'origine de l'impressionnant parc préhistorique de Saint-Césaire : le Paléosite. Sur la commune de Barzan, le site archéologique du Fâ dévoile les secrets d'une ancienne cité portuaire de grande importance.

Que faire EN CAS DE PLUIE ?

Le musée archéologique de Saintes nous montre ses trésors antiques. Au musée Sainte-Croix de Poitiers, c'est toute l'histoire de la région qui est retracée. Elle se poursuit à Cognac, où se trouve le château des Valois, dans lequel naquit le futur François Ier. Ce même roi qui accorda aux papetiers le privilège d'utiliser des chiffons pour fabriquer la pâte à papier dans les moulins qui faisaient autrefois tourner leurs roues sur les rives de la Charente ! Pour visiter le dernier moulin à papier de la région encore en activité, il faut se rendre au Moulin du Verger.

Le Marais poitevin

Il y a plusieurs milliers d'années s'étendait le golfe des Pictons. Peu à peu transformé par la nature et l'homme, il a laissé place au Marais poitevin. À la frontière du Poitou-Charentes et des Pays de la Loire, traversée par la Sèvre Niortaise, c'est la deuxième plus grande zone humide de France (après la Camargue). Trois paysages dominent : les marais mouillés, les marais desséchés et le marais maritime de la baie de l'Aiguillon. Animaux et plantes profitent de la quiétude des lieux.

La baie de l'Aiguillon

La baie de l'Aiguillon est une réserve naturelle* qui forme la façade littorale du Marais poitevin. Située sur la grande voie de migration atlantique, elle est un site d'escale de grande importance pour les oiseaux migrateurs*. Échassiers, oies et canards sauvages font halte sur ses vasières*, soumises aux marées*, et sur ses prés-salés. C'est aussi le berceau de la mytiliculture : l'élevage de moules, pratiqué sur des pieux de bois appelés « bouchots ».

Les marais desséchés

Des digues* protègent les marais dits « desséchés » des assauts de la mer. Au Moyen Âge, les moines ont progressivement asséché les terres humides jouxtant leurs abbayes afin de les mettre en culture, puis d'importants travaux ont été entrepris au cours de l'Histoire. Ces marais offrent de grandes étendues de prairies pâturées par les bovins et de cultures céréalières, ainsi que d'îles sur lesquelles se sont établis des villages.

Les marais mouillés

Ils forment le décor typique et verdoyant du Marais poitevin. Sur les canaux bordés de frênes glissent les barques traditionnelles. Au départ des petits ports, elles sillonnent à travers les prairies où paissent vaches et chevaux. Le marais humide doit son surnom de « Venise verte » à ses tapis de lentilles, de minuscules plantes aquatiques, qui couvrent les voies d'eau. On peut apercevoir un papillon très rare, le cuivré des Marais.

Le SAIS-TU ?

La barque a longtemps été le seul moyen de transport des habitants du Marais poitevin. Le bateau plat du marais est nommé « batai » ou « plate ». On le guide à l'aide d'une longue perche, la « pigouille ».

Des animaux typiques

La biodiversité* du Marais poitevin est exceptionnelle. La loutre est un mammifère aquatique qui vit au bord des cours d'eau. Elle en est un peu l'emblème. Présente sur toute la zone humide, elle sait cependant se faire très discrète. En revanche, elle laisse derrière elle de précieux indices : ses empreintes et ses crottes qui ont l'odeur du miel ! Cette excellente nageuse poursuit les poissons sous l'eau. Elle raffole des anguilles, qui passent une partie de leur vie dans l'eau salée de l'océan et l'autre dans l'eau douce des canaux du Marais poitevin.

Une flore diversifiée

En début d'été, l'iris des marais déploie ses grandes fleurs jaunes dans les prairies humides. De grands tapis d'iris violets et de boutons-d'or les colorent à leur tour. Le long des canaux, on aperçoit les grappes mauves de la salicaire. Fréquent en marais desséché, le roseau forme de grandes roselières dans lesquelles viennent nicher certains oiseaux. Il couvre encore certaines habitations traditionnelles du Marais. Le sol salé, dû à l'ancienne présence de la mer, accueille une flore particulière : aster maritime, salicorne et lavande de mer. Sans oublier les buissons de tamaris, un arbuste aux fleurs rose pâle.

Quelques oiseaux du Marais poitevin

Le hibou des marais survole les grandes étendues sauvages. Or, son habitat est menacé, comme celui de la guifette noire dont il ne subsiste que quelques colonies. Typique des zones de marais, le busard des roseaux niche dans les grandes roselières. Le vanneau huppé, reconnaissable à son pinceau de plumes, fréquente quant à lui les prairies humides en compagnie du pluvier doré. Avec ses plumes jaune vif, le loriot est surnommé le merle d'or. Pourtant, seul son sifflement typique trahit sa présence dans le marais mouillé. Quant aux hérons, ce sont des hôtes familiers des marais.

Des espèces envahissantes

Certaines espèces, originaires d'Amérique, n'ont pas bonne presse dans le Marais ! Leur prolifération pose en effet de sérieux problèmes. La jussie est une plante aquatique qui couvre la surface de l'eau. Elle empêche la lumière d'atteindre les autres plantes qui disparaissent, et avec elles la diversité animale. Le baccharis est une plante exotique tout aussi envahissante. Du côté des animaux, le ragondin est considéré comme nuisible. L'alligator est l'un de ses rares prédateurs au monde !

Une mosaïque de paysages

Les vertes vallées que creusent les cours d'eau, les étendues de landes percées de mares et les bocages à la végétation touffue offrent des paysages variés. Surtout, ils sont le domaine d'une incroyable réserve d'animaux et de plantes.

Les vallées au fil de l'eau

De nombreuses rivières jalonnent les vallées de la région : la Charente, la Sèvre niortaise et la Seudre, la Gironde, la Gartempe, la Vienne, le Clain, le Thouet, l'Anglin… La Charente fut longtemps sillonnée par des embarcations traditionnelles, les gabares. Au rythme des écluses, elles permettent encore aujourd'hui d'admirer les rives ombragées de la rivière. Dans ces prairies inondées en hiver, de nombreuses espèces animales et végétales s'épanouissent.

Landes du Pinail

Les forêts qui couvraient autrefois le Poitou ont laissé place à un paysage de landes, que l'on appelle « terres de brandes ». La brande, ou bruyère à balais, est une variété de bruyère utilisée dans la construction de clôtures et d'abris. Elle donne son nom au paysage. Carrières de pierre meulière (utilisée dans les moulins pour écraser le grain) et mares composent la réserve naturelle du Pinail. C'est le paradis des libellules, amphibiens, oiseaux et plantes carnivores !

Le paysage bocager de la Gâtine

Le bocage est un assemblage de prairies délimitées par des haies. Pourvues de buissons, d'arbustes et d'arbres, les haies bocagères sont des milieux menacés dans lesquels de nombreux animaux trouvent pourtant refuge ! Dans cette verte campagne de chemins creux, de ruisseaux et de vallons, poussent l'asphodèle et la digitale. Chouettes et chauves-souris s'abritent dans les troncs creux. Ces derniers sont en réalité le gîte privilégié de nombreux oiseaux et mammifères, comme l'élégante huppe fasciée ou la genette.

Le baudet du Poitou

Cette race d'âne à poils longs est la plus ancienne au monde. De son union avec la jument de trait poitevine, naît une mule robuste qui a fait la renommée de la région. Mais avec l'arrivée des machines agricoles, il a bien failli disparaître ! Sa sauvegarde est assurée par l'Asinerie du baudet du Poitou de Dampierre-sur-Boutonne.

FOCUS

Les zoos de la région

Au cœur de la forêt et des dunes, La Palmyre, en Charente-Maritime, abrite un parc zoologique réputé dans toute l'Europe. 1 600 animaux y évoluent dans leurs milieux naturels reconstitués. À Romagne, dans la Vienne, gorilles, chimpanzés, bonobos… en tout trente espèces de primates cohabitent dans les différents parcs arborés de la Vallée des Singes. La forêt de Chizé, dans les Deux-Sèvres, abrite quant à elle le Zoodyssée, un parc animalier où sont préservées toutes sortes d'animaux sauvages, du bison au loup sans oublier le baudet du Poitou ! L'Île aux Serpents de La Trimouille, dans la Vienne, s'est spécialisée dans les reptiles…

le SAIS-TU ?

L'Anax empereur, toute bleue, est la plus grande des libellules d'Europe. Elle côtoie aux abords des mares une libellule rouge au nom éloquent : la petite nymphe au corps de feu.

le SAIS-TU ?

Le râle des genêts est une espèce menacée par la disparition de son habitat : les prairies de fauche inondables. Le cri de parade du mâle, « crex, crex », est caractéristique.

Sont les filles de La Rochelle

Parmi les versions pouvant expliquer l'origine de cette chanson, l'une évoque la période, au XVIIe siècle, durant laquelle de nombreux habitants de la région partirent s'installer en Nouvelle-France, territoire du Canada fondé par Samuel de Champlain. Notamment les « filles du roi », souvent de jeunes orphelines, envoyées peupler la colonie… Le port de La Rochelle a très tôt noué des liens commerciaux avec la Nouvelle-France, basés sur la pêche à la morue sur les bancs de Terre-Neuve et sur le commerce de la fourrure. Il devient ensuite le port de départ des migrants vers la colonie.

Sont les filles de La Rochelle
Ont armé un bâtiment
Pour aller faire la course
Dedans les mers du Levant.

(Refrain)
Ah ! la feuille s'envole, s'envole.
Ah ! la feuille s'envole au vent !

La grande vergue[1] est en ivoire
Les poulies en diamant
La grand-voile est en dentelle
La misaine[2] en satin blanc.
(Refrain)

Les cordages du navire
Sont des fils d'or et d'argent
Et la coque est en bois rouge
Travaillé fort proprement.
(Refrain)

L'équipage du navire
C'est toutes des filles de quinze ans
Le capitaine qui les commande
Est le roi des bons enfants.
(Refrain)

[1] Terme de marine. Pièce de bois ou de métal fixée au mât d'un bateau et qui porte une voile.
[2] Voile du mât situé à l'avant d'un bateau, le mât de misaine.

Hier faisant sa promenade
Dessus les gaillards[3] d'avant
Aperçut une brunette
Qui pleurait dans les haubans[4].
(Refrain)

Qu'avez-vous, jeune brunette
Qu'avez-vous à pleurer tant ?
Avez-vous perdu père ou mère
Ou quelqu'un de vos parents ?
(Refrain)

Je ne pleure ni père ni mère
Ni quelqu'un de mes parents
J'ai perdu mon avantage
Qui s'en fut la voile au vent.
(Refrain)

Il est parti vent arrière
Il reviendra vent devant
Il reviendra jeter l'ancre
Dans la rad'des bons enfants.
(Refrain)

[3] Construction placée sur le pont supérieur, à l'avant d'un navire.
[4] Nom donné aux cables placés de chaque côté du mât pour en assurer le maintien.

Lexique

Académie française : institution créée en 1635, chargée de définir la langue française et de fixer son usage par un ensemble de règles. Composée de personnalités issues du milieu culturel, elle est à l'origine de l'élaboration d'un dictionnaire.

Arsenal : zone industrielle d'un port où sont construits, réparés et armés les navires militaires.

Biodiversité : expression, composée à partir des mots «biologique» et «diversité», qui désigne la variété des espèces vivantes.

Chanson courtoise : la littérature courtoise est fondée sur la notion médiévale de courtoisie. Cette notion renvoie à un ensemble de valeurs et de règles de savoir-vivre. C'est également une conception particulière de l'amour dans lequel les sentiments sont nobles : on parle d'amour courtois.

Conche : mot du dialecte d'Aunis (l'une des anciennes provinces de la région) qui désigne une plage de sable. Dans le marais poitevin, c'est également ainsi que sont nommés les canaux.

Dévot : qui pratique la religion de manière très pieuse.

Digue : longue construction dont le but est de faire obstacle aux eaux pour protéger les terres de l'envahissement par la mer.

Duché : nom donné, au Moyen Âge, aux terres se trouvant sous l'autorité d'un duc. On parle du «duché d'Aquitaine», mais du «royaume de France», à la tête duquel se trouvait un roi.

Écomusée : musée spécialisé dans la valorisation du patrimoine naturel et culturel d'un territoire et d'une population.

Estuaire : embouchure d'un fleuve se jetant dans la mer, et qui est soumis à la marée.

Ferme aquacole : où sont élevés poissons, coquillages et plantes aquatiques.

LPO : la Ligue pour la Protection des Oiseaux a pour but de protéger les oiseaux et les milieux dont ils dépendent. Elle réalise ses actions grâce à la contribution de ses membres et de ses bénévoles.

Marée : mouvement quotidien de la mer dont le niveau varie sous l'influence de la lune. Chaque marée dure douze heures, six heures pour monter (marée haute) et six heures pour descendre (marée basse).

Migrateur : se dit des animaux qui effectuent des migrations. Il s'agit du voyage annuel d'une population animale depuis son lieu de reproduction jusqu'à son aire d'hivernage (endroit où il passe l'hiver) et le voyage retour.

Napoléon Ier : le général Bonaparte fut proclamé empereur des Français en 1804 et prit le nom de Napoléon Ier. Il mena une politique de conquêtes. Défait à la bataille de Waterloo en 1815, il fut fait prisonnier par les Anglais et exilé sur l'île de Sainte-Hélène.

Ostréiculteur : personne qui élève des huîtres.

Patrimoine : dans ce cas précis, ce qui est considéré comme l'héritage commun d'un pays, c'est-à-dire les richesses, ou les biens, que la population reçoit à travers les âges. On peut parler de patrimoine historique, culturel…

Pertuis : sur les côtes de l'ouest de la France, détroit entre une île et la terre ferme. L'archipel charentais comprend le pertuis Breton, le pertuis d'Antioche et le pertuis de Maumusson.

Presqu'île : portion de terre qui se détache de la côte et se prolonge dans la mer, rattachée au continent par une bande de terre.

Réserve naturelle : espace naturel protégé. Les espèces menacées de disparition et la biodiversité dans son ensemble y sont préservées.

Saunier : producteur de sel des marais salants, aussi appelé paludier dans l'ouest de la France.

Terroir : ensemble des terres d'une région fournissant des produits caractéristiques.

Unesco : institution spécialisée de l'Organisation des Nations unies créée en 1945 dont la mission est de veiller au maintien de la paix dans le monde à travers le développement de l'éducation, de la science et de la culture. Elle est à l'origine de la notion de «patrimoine mondial», qui protège les sites exceptionnels.

Vasière : étendue, le long de la côte ou sous la mer, couverte de vase.

Vignoble : territoire planté de vignes. Par extension, désigne l'ensemble des vignes d'une région voire d'un pays.

Adresses

Charentes (16)

Château des Valois Cognac *(p. 37)*
127 boulevard Denfert Rochereau,
16100 Cognac
05 45 36 88 88

Moulin du Verger *(p. 37)*
7 rue du Moulin du Verger,
16400 Puymoyen
05 45 61 10 38
www.moulinduverger.com

Charente-Maritime (17)

Aquarium de La Rochelle *(p. 16)*
Quai Louis Prunier,
17002 La Rochelle
05 46 34 00 00
www.aquarium-larochelle.com

Château de Crazannes *(p. 35)*
24 rue du Château, 17350 Crazannes
05 46 90 15 94
www.crazannes.com

Château de la Roche-Courbon *(p. 35)*
17250 Saint-Porchaire
05 46 95 60 10
www.larochecourbon.fr

Corderie royale *(p. 16)*
Rue Audebert, 17303 Rochefort
05 46 87 01 90
www.corderie-royale.com

Écomusée des grottes de Matata *(p. 13)*
67 boulevard de la Falaise,
17132 Meschers
05 46 02 70 02
www.grottesdematata.com

Écomusée du Marais Salant - île de Ré *(p. 15)*
Route Passe, 17111 Loix
05 46 29 06 77
www.marais-salant.com

Hôpital des Pèlerins *(p. 35)*
Rue Georges Clemenceau,
17800 Pons
05 46 96 13 31
www.pons-tourisme.fr/lhopital-des-pelerins

Phare de Cordouan depuis Royan *(p. 13)*
Croisières La Sirène
26 route de Royan,
17200 Saint-Sulpice de Royan
05 46 05 30 93
www.croisierelasirene.com

Phare et écomusée de La Coubre *(p. 13)*
Allée de la Plage,
17190 La Tremblade
05 46 06 26 42
www.la-tremblade.com/fr/le-phare-de-la-coubre

Le Port des Salines (écomusée de l'île d'Oléron) *(p. 15)*
Rue des anciennes Salines,
17370 Le Grand-Village-Plage
05 46 75 82 28

Maison du Platin *(p. 15)*
4 cours Félix Faure,
17630 La Flotte en Ré
05 46 09 61 39
www.maisonduplatin.fr

Musée archéologique de Saintes *(p. 37)*
Esplanade André Malraux
05 46 74 20 97

Musée de l'île d'Oléron *(p. 15)*
Place Gambetta,
17310 Saint-Pierre d'Oléron
05 46 75 05 16

Musée maritime *(p. 16)*
Place Bernard Moitessier,
17031 La Rochelle
05 46 28 03 00
www.museemaritimelarochelle.fr

Musée maritime L'Escale *(p. 15)*
17 boulevard Roger Letelié,
17390 La Tremblade
05 46 36 30 11

Musée national de la Marine de Rochefort *(p. 16)*
1 place de la Gallissonnière,
17300 Rochefort
05 46 99 86 57
www.musee-marine.fr/rochefort

Musée du Nouveau Monde *(p. 16)*
10 rue Fleuriau, 17000 La Rochelle
05 46 41 46 50

Deux-Sèvres (79)

Église Saint-Hilaire de Melle *(p. 35)*
Office de tourisme :
3 rue Emilien Travers, 79500 Melle
05 49 29 15 10

Zoodyssée *(p. 41)*
Régie des Pôles Science et Nature
de Zoodyssée et du Cébron,
79360 Villiers en Bois
Tél. : 05 49 77 17 17
www.zoodyssee.org

Vienne (86)

Futuroscope *(p. 36)*
Avenue René Monory,
86360 Chasseneuil-du-Poitou
05 49 49 11 12
www.futuroscope.com

Musée Sainte-Croix de Poitiers *(p. 37)*
3 bis rue Jean Jaurès, 86000 Poitiers
05 49 41 07 53
www.musees-poitiers.org/sainte-croix.htm

Index